BEI GRIN MACHT SICH IHR WISSEN BEZAHLT

- Wir veröffentlichen Ihre Hausarbeit, Bachelor- und Masterarbeit

- Ihr eigenes eBook und Buch - weltweit in allen wichtigen Shops

- Verdienen Sie an jedem Verkauf

Jetzt bei www.GRIN.com hochladen und kostenlos publizieren

Sven Piechottka

Gacaca 2.0 - what is left of the traditional justice system in Rwanda? Research Design (deutsch)

GRIN Verlag

Bibliografische Information der Deutschen Nationalbibliothek:

Die Deutsche Bibliothek verzeichnet diese Publikation in der Deutschen National-
bibliografie; detaillierte bibliografische Daten sind im Internet über http://dnb.d-
nb.de/ abrufbar.

Impressum:

Copyright © 2013 GRIN Verlag, Open Publishing GmbH
Druck und Bindung: Books on Demand GmbH, Norderstedt Germany
ISBN: 978-3-656-52833-3

Dieses Buch bei GRIN:

http://www.grin.com/de/e-book/263335/gacaca-2-0-what-is-left-of-the-traditional-
justice-system-in-rwanda

Universität Konstanz

Fachbereich Politik- und Verwaltung

Vertiefungsseminar „The role of traditional and modern institutions of governance in Sub-Saharan Africa", Dozentin: Daniela Behr (Junior Research Fellow)

Sommersemester 2013

Research Design: Gacaca 2. – What is left of the traditional justice system in Rwanda?

Von Sven Piechottka

Hauptfach: Politik- und Verwaltungswissenschaften

(4. Fachsemester)

1

1.) Einleitung

Es steht außer Frage, dass die Mehrheit der afrikanischen Staaten auch im neuen Jahrtausend instabile Staatsstrukturen aufweist. Nach der Unabhängigkeit sind viele dieser Staaten in Bürgerkriege verfallen, einige fanden eine gewisse Stabilität erst in autoritären Regimen mit zweifelhaften Staatsoberhäuptern. Einen Höhepunkt der Gewalt stellt sicherlich der Völkermord in Ruanda von 1994 dar. Je nach Schätzung wird von bis zu 800.000 Opfern dieses Genozides gesprochen. Dem schrecklichen Ereignis waren Jahrzehnte der Militärdiktatur durch Ex-Verteidigungsminister Juvénal Habyarimana vorausgegangen. Im Angesicht solcher Eliten stellte Jean-Pierre Bekolo, einer der bekanntesten afrikanischen Filmregisseure, in einem Interview kürzlich die Forderung auf, „que les blancs reviennent à l'Afrique" (Dialo, Claire (2011): Que les blancs reviennent à l'Afrique, in: Slate Afrique). Diese Forderung möchte die die vorliegende Arbeit jedoch nicht weiter aufgreifen; der Autor vertritt vielmehr die Ansicht, dass es noch andere Wege der Konfliktlösung als jenen der Re-Kolonialisierung geben muss.

Ruanda ist schließlich wie nur wenige andere afrikanische Länder gleichfalls ein interessanter Fall im Umgang mit indigenen afrikanischen Traditionen. Sogenannte „Gacaca-Courts" („Gacaca" kann aus der ruandischen Nationalsprache Kinyarwanda in etwa mit „Graswurzeln" übersetzt werden) wurden im Anschluss an den Völkermord von Ruanda eingesetzt, um aufzuklären und Täter und Opfer in der Bevölkerung wieder zu versöhnen. Viele wissenschaftliche Arbeiten haben seither die Rolle der Gacaca-Courts als Vorbild für andere afrikanische Staaten angepriesen. Doch die vorliegende Arbeit wagt einen grundsätzlichen, kritischen Gedanken: was, wenn „Gacaca" keine afrikanische Tradition ist? Eric Hobsbawm und Terence Ranger haben bereits vor einigen Jahrzehnten gewachsene, ursprüngliche Traditionen von jenen unterschieden, welche unter kolonialem Einfluss entstanden sind (Hobsbawm/Ranger 1983). Das Ergebnis zahlreicher Arbeiten der vergangenen Jahrzehnte lässt sich mit den Erkenntnissen vergleichen, welche Peter Geschiere in seinem Journalbeitrag „Chiefs and colonial rule in Cameroon: Inventing Chieftaincy, French and British Style" (1993) beschreibt. Zu den von der Kolonialmacht eingesetzten Chiefs bemerkt Geschiere: „The chiefs and their descendants played only a minor role in this elite" (Geschiere 1993:156f.). Denn: „To them [the people] the chiefs remained the ruthless executors of highly unpopular government measures" (ibid). Um es mit einem Satz auszudrücken: "invented tradition" trifft in der Bevölkerung häufig auf deutlich weniger Akzeptanz, wenn nicht gar Abweisung.

Dieses Research Design möchte nun dazu anregen, die Gacaca-Courts einmal kritisch zu beleuchten. Denn unzweifelhaft lag die Entstehung von Gacaca-Courts im Interesse der ruandischen Regierung. Doch wie weit ging der staatliche Einfluss? Macht es Sinn, von einer „invented tradition" zu sprechen? Was würde das für die Akzeptanz der Gacaca-Courts durch die ruandische Bevölkerung bedeuten? Ist gar ein Legitimitätsverlust zu befürchten? Besonders die Beantwortung der letzten Frage würde schließlich einen wertvollen Beitrag zu der folgenden, äußerst populären Diskussion liefern: lässt sich der Konfliktlösungsmechanismus der Gacaca-Courts auch auf andere afrikanische Länder anwenden?

2.) Literature Review

Die Literatur zum Völkermord in Ruanda und auch zu den Gacaca-Courts im Speziellen ist sehr umfassend. Dies ist nicht sehr überraschend: nachdem die Regierung die Gacaca-Gerichte nicht nur billigend, sondern auch tatkräftig und fordernd unterstützte, hat die Re-Institutionalisierung der Gerichte große mediale Aufmerksamkeit erfahren. Für die (Politik-)Wissenschaft sind die Gerichte ein spannendes Beispiel der Einbindung indigener Traditionen in das moderne afrikanische Staatswesen. Im Allgemeinen can be stated, dass die Mehrheit dieser Literatur jedoch entweder die verschiedenen Vor- und Nachteile der Gacaca-Gerichte evaluiert oder sich auf eine Beschreibung des Ablaufs der Verfahren reduziert. Die im Folgenden genannte Literatur bildet hier keine Ausnahme. Meistens erscheinen lediglich kurze Textabschnitte für die vorgeschlagene Forschungsarbeit relevant. Die folgende Literatur wurde trotzdem ausgewählt, um zum einen die verschiedenen Positionen und Meinungen in der Debatte exemplarisch wieder zu geben. Die ausgetauschten Argumente erscheinen hier insbesondere mit Blick auf den ersten Teil der später näher erläuterten Forschungsfrage relevant. Zum anderen bietet sich die vorgestellte Literatur gut als Einführung zur Recherche für die vorgeschlagene Forschungsarbeit an. Drittens wird hierfür im Folgenden eine qualitative Analyse vorgeschlagen, die Literatur mag jedoch zudem Ansätze liefern, den zweiten Teil der Forschungsfrage mit quantitativen Methoden zu erheben.

Als Einführung in die Thematik bietet sich zunächst Bert Ingelaere an. In seinem 2008 erschienenen Buchkapitel „The Gacaca Courts in Rwanda" des Buches „Traditional Justice and Reconciliation After Violent Conflict – Learning from African Experiences" by Luc Huyse and Marc Salter geht Ingelaere anfangs ausführlich auf den Konflikt in Ruanda ein: er beschreibt Hergang, Ablauf sowie die Situation nach dem ruandischen Genozid. Für die in diesem Rahmen vorgeschlagene Forschungsarbeit mag allerdings vor allem seine Analyse der Gacaca-Gerichte vor und nach dem Genozid relevant sein. So fällt er über die derzeitigen Gerichte ein klares Urteil: „The „new" Gacaca courts are in the truest sense an ‚invented tradition'" (Ingelaere 2008:32). Eine Evaluation der Vor- und Nachteile von Gacaca-Gerichten schließt das Kapitel ab.

Auch Jeremy Sarkin kommt zu einem kritischen Schluss über die Gacaca-Gerichte. In seinem Beitrag „The tension between justice and reconciliation in Rwanda: politics, human rights, due process and the role of the Gacaca Courts in dealing with the genocide" (2001) zum "Journal of African Law" beurteilt Sarkin das Potenzial der Gacaca-Courts sowie des formellen ruandischen Justizsystems, zur Aufarbeitung des Genozides beizutragen. In diesem Zuge stellt er einen Einfluss der Regierung auf die Zielsetzung der Gacaca-Courts und somit eine gewisse Instrumentalisierung fest (Sarkin 2011:159). In seiner Konklusion bringt er seine Sorge um mögliche negative Konsequenzen zum Ausdruck: „The government should not change the nature of gacaca by making them play a role they have not traditionally played. Using them in the way envisaged by the new legislation (...) will most probably undermine any role they are able to play in the future" (Sarkin 2011:170).

Der Journalbeitrag von Peter Uvin und Charles Mironko „Western and Local Approaches to Justice in Rwanda" (2003) zum Journal „Global Governance" erscheint gleich auf zweierlei Weise relevant: zum einen beschreibt der Beitrag einen guten, kurzen Überblick über die Verfahren und den Ablauf eines Gacaca-Gerichts. Zum anderen vergleicht er neben der Effizienz auch die Legitimität der verschiedenen Verfahren (ICTR, state courts, Gacaca courts) zur Aufarbeitung des Genozids in Ruanda. Im Ergebnis plädieren die Autoren für „Gacaca": „Perhaps the strongest element in favor of gacaca is the lack of an alternative. Neither the ICTR nor the formal justice system seems capable of providing the

4

basis for justice (…) in Rwanda" (Uvin/Mironko 2003:227). Dieses Plädoyer wird durch die empirischen Ergebnisse ihrer Studie untermauert: 95% der Bevölkerung seien bereit, in Gacaca-Courts zu partizipieren.

Auch Coel Kirkby vergleicht in seinem Beitrag „Rwanda's Gacaca Courts: a preliminary critique" (2006) zum „Journal of African Law" diese genannten drei Justizsysteme. Für ihn steht dabei die Unterscheidung zwischen „retributive and restorative justice" (Krikby 2006:94) im Vordergrund. Auch sein Blick auf die Gacaca-Courts beschränkt sich leider größtenteils auf Struktur, Aufbau und Verfahrensweise der Gerichte. Einleitend konstatiert er jedoch in Bezug auf einen Report des Penal Reform Institute: „ (…) the gacaca courts are, ironically, Western-style judicial courts grafted onto Rwanda's centralized, hierarchical administrative structures erected during the colonial era" (Kirkby 2006:100).

Als letzter Literaturverweis sollte die Abschlussarbeit von Arthur Molenaar an der Universität Amsterdam aufgeführt werden, welche am African Studies Centre der Universität Leiden als Research Report veröffentlicht wurde und viel Beachtung fand. Unter dem Titel „Gacaca: grassroot justice after genocide – the key to reconciliation in Rwanda?" rückt auch Moleenar das Potenzial der Gacaca-Courts ins Zentrum, die schrecklichen Verbrechen des Völkermordes sinnvoll aufzuarbeiten. Im Rahmen seiner kritischen Betrachtung bedient sich Moleenar allerdings eines Aufbaus, welcher auch für die vorgeschlagene Forschungsarbeit von zentraler Bedeutung sein könnte. So gliedert auch Molenaar einen Teil seiner Einleitung in chronologische Abschnitte und untersucht die Situation der Gacaca-Gerichte vor, während und nach der Kolonialzeit. Besondere Aufmerksamkeit widmet er auch den „neuen" Gacaca-Gerichten im postgenozidalen Ruanda. Am Schluss seiner Arbeit resümiert Molenaar: „Gacaca today reflects earlier policies that aimed at structuring, formalising, introducing a strict hierarchy and incorporating traditional justice in the state's judicial system." (Molennar 2005:158). Doch trotz dieser Einbindung in staatliche Strukturen fordert er in seinem letzten Satz: „For a better future, it would be good to include more of the traditional merits than is now the case."

Es muss betont werden, dass diese beispielhaft aufgeführte Literatur im Vergleich mit anderen Werken zum ruandischen Völkermord von 1994 sowie den Gacaca-Gerichten eine Ausnahme bildet. Nur wenige Autoren hinterfragen das „Traditionelle" an den ruandischen Gacaca-Courts, kaum ein Autor betrachtete diese unter der Herrschaft der Kolonialisten. Und kein Autor stellte bislang die Frage nach deren Auswirkung auf das Bild der Gerichte in der Öffentlichkeit. Kritisch zu bemerken bleibt zwar die Relevanz dieser Frage für den speziellen Fall in Ruanda, wo die Regierung vermutlich ungeachtet dieser Erkenntnisse ihren Kurs fortsetzen würde. Dennoch könnten aus den Ergebnissen der vorgeschlagenen Forschungsarbeit wertvolle Rückschlüsse für andere Länder gezogen werden.

3) Konzeptualisierung

Der theoretische Rahmen der vorgeschlagenen Forschungsarbeit wurde in der Einleitung bereits angedeutet. Im Zuge der Einzigartigkeit des ruandischen Völkermordes auf dem afrikanischen Kontinent bietet sich eine Einzelfallstudie an. Zunächst sollte die Frage des kolonialen sowie staatlichen Einflusses auf die zahlreichen Gacaca-Gerichte im Anschluss an die Ereignisse des Jahres 1994 geklärt werden. Sollten sich dabei bemerkenswerte Unterschiede zu den Gacaca-Courts der vorkolonialen Zeit herausstellen, so ist zweitens zu untersuchen, ob mit diesem Umstand Legitimitätsverluste der Gerichte in der Bevölkerung einhergegangen sind.

3.1) Forschungshypothese und Forschungsfrage

Die mit diesem Research Design aufgestellte Forschungsfrage ist somit klar und lässt sich folgendermaßen formulieren: ist ein (kolonial-)staatlicher Einfluss auf die Tradition der Gacaca-Courts in Ruanda nachweisbar und welche Auswirkungen könnte dieser nach sich ziehen? Im Kontext von empirischen Studien lässt sich daraus auch eine Forschungshypothese ableiten: wenn zentrale Bestandteile
des Verfahrens einer lokalen, bereits in der vorkolonialen Geschichte eines Staates erfassten gerichtlichen Institution mit dem Ziel der Aufarbeitung von Verbrechen auf den Einfluss (kolonial-
)staatlicher Herrschaft zurückgeführt werden können, dann verliert diese Institution an Legitimität in
der Bevölkerung. Diese Hypothese erwähnt den Begriff „Gacaca" absichtlich nicht. Die vorgeschlagene Arbeit soll schließlich das Potenzial bieten, ihre Erkenntnisse zu verallgemeinern. Die „Gacaca-
Courts" werden daher mit den Eigenschaften „lokal", traditionell (im Sinne von: bereits vor der An-
wesenheit einer Kolonialmacht existent) sowie mit dem Ziel der Aufarbeitung von Verbrechen cha-
rakterisiert. Diese Charakterisierung folgt der Beschreibung der Gerichte durch im Literaturüberblick
erwähnte Autoren und kann selbstverständlich noch modifiziert werden (beispielsweise durch die
Ergänzung „die Richter sind angesehene Persönlichkeiten" – allerdings kann die Sinnhaftigkeit zahlreicher Ergänzungen ebenso kontrovers diskutiert werden). Wichtig ist vor allen Dingen, tatsächliche
Gacaca-Courts in der großen Menge traditioneller afrikanischer Konfliktlösungsmechanismen eindeutig identifizieren zu können. Des Weiteren ist die Operationalisierung der in der Forschungshypothese enthaltenen Variablen wichtig. Zentrale Eckpfeiler sind hier die unabhängige Variable des (koloni-
al-)staatliche Einfluss einerseits und abhängige Variable der Legitimität andererseits. Staatliche Einflussnahme lässt sich recht einfach durch Verfahrensänderungen administrativer Art spezifizieren,
welche nicht auf lokaler, sondern eben auf nationalstaatlicher Ebene initiiert wurden. Die Legitimität
der Gerichte lässt sich in diesem Fall anhand der Partizipation an den Verfahren näher darstellen.

3.2) Methodologie

Die methodische Vorgehensweise sollte zunächst, nach Einleitung und Forschungsstand, eine Defini-
tion der zentralen Begrifflichkeiten umfassen. Hierbei sollte auf jeden Fall der übliche Deutungskon-
flikt von „modern" und „traditionell" umrissen werden, da in dieser Forschungsarbeit eine mögliche
Diskrepanz zwischen „modernen" und „traditionellen" Gacaca-Gerichten eine zentrale Rolle spielt.
Am Rande sollten in diesem Kontext auch die sozialen Kategorien der Hutu und Tutsi Berücksichti-
gung finden, da deren ursprüngliche Bedeutung (als Bezeichnung von beruflichen oder sozialen Klas-
sen) durch kolonialen Einfluss im Sinne sozialdarwinistischer Rassentheorien grundlegend verändert
worden ist (Paul 2006:35, Ingelaere 2008:26). Die Vermutung, dass derselbe koloniale Einfluss auch
das Wesen der Gacaca-Gerichte verändert hat, liegt daher nahe.

Im weiteren Verlauf der Forschungsarbeit kann anhand der beschriebenen Forschungsliteratur vor-
gegangen werden. Wie bereits im Forschungsstand vermerkt, ist diese schließlich sehr umfangreich.
Immer wieder finden sich in den Werken einzelne Abschnitte zur Tradition und der Entwicklung der
Gacaca-Gerichte, auch wenn sich kein Werk ausschließlich dieser Entwicklung annimmt. Die Eckpunk-
te der vorgeschlagenen Arbeit könnten deshalb wie folgt chronologisch aufgebaut werden:

1.Vorkoloniale Situation der Gacaca-Gerichte
2. Gacaca-Gerichte unter der Kolonialherrschaft

3. Gacaca-Gerichte nach der Unabhängigkeit

4. Gacaca-Gerichte nach dem Genozid von 1994

Wie bereits erwähnt sind in den genannten Zeitabschnitten insbesondere die unabhängige Variable des (kolonial-)staatlichen Einflusses, veranschaulicht anhand des konkreten Ablaufs des Verfahrens, sowie die abhängige Variable der Legitimität der Gerichte, operationalisiert durch die Partizipation durch die Bevölkerung, zu betrachten. Der erste Teil der Forschungsfrage dürfte anhand der vorgestellten Literatur relativ leicht anhand von Ausprägungen wie „viel Einfluss", „mittlerer Einfluss" oder „niedriger Einfluss" zu beantworten zu sein. Der zweite Teil jedoch, die Feststellung eines Zusammenhangs zwischen den beiden Variablen, dürfte eine größere Herausforderung sein. Mehrere im Literaturüberblick genannte Autoren sprechen von einer Anwesenheitspflicht bei den Gacaca-Gerichten, while „in the traditional process participation was voluntary" (Corey/Joireman 2004:82). Die Legitimität der Institution von Gacaca anhand der Partizipation bei den Verfahren überprüfen zu wollen, erscheint daher auf den ersten Blick als ein falscher Ansatz. Da die vorgeschlagene Arbeit jedoch nicht den Rahmen einer Feldstudie gewinnen und mehrere tausend ausgefüllte Fragebögen voraussetzen soll, kann die Legitimität der Gerichte auch nicht durch eine quantitative Analyse der Stimmung in der Bevölkerung erhoben werden. Darüber hinaus macht es offenkundig keinen Sinn, die Legitimität der Gerichte bei früheren Generationen anhand einer Befragung der heutigen Generation feststellen zu wollen.

Aus diesem Grund soll der Begriff der Partizipation nochmals spezifiziert und durch mehrere Indikatoren genauer beschrieben werden. Partizipation kann in diesem Sinne auch als *aktive Beteiligung* verstanden werden, das heißt: Bereitschaft, sich für die Wahl zum Gacaca-Richter zur Verfügung zu stellen und an der staatlichen Schulung teilzunehmen, Zahl der durch die Behörden vollstreckten Gacaca-Urteile (verglichen mit der Zahl der verhängten Urteile), oder auch die Zahl der Zuschauer oder der vorgebrachten Anklagen. Aggregiert könnten diese Ergebnisse im Anschluss ebenfalls zu dreierlei Kategorien zusammengefasst werden: „viel Legitimität", „mittlere Legitimität", „geringe Legitimität". Die zuvor genannten Zahlen könnten selbstverständlich auch durch eine groß angelegte Studie erhoben werden. Um wie zuvor betont jedoch den Umfang der Arbeit so klein wie möglich zu halten, wird an dieser Stelle jedoch das Instrument der Expertenbefragung vorgeschlagen. Dieser Schritt ist auch deshalb nötig, da sich Variable der Legitimität anders als der staatliche Einfluss auf den Gacaca-Prozess nicht umfassend aus der Forschungsliteratur ergibt.

Zusammenfassend wird also folgende Vorgehensweise vorgeschlagen: nach einer einleitenden Begriffserklärung sollte sich eine Betrachtung der beiden Variablen innerhalb der chronologischen Kategorien anschließen. Hierbei kann die unabhängige Variable „staatliche Einflussnahme" mit Bezug auf die Forschungsliteratur erklärt werden, während zur Messung der abhängigen Variable „Legitimität" das Instrument der Expertenbefragung vorgeschlagen wird. Die abschließende Diskussion der Ergebnisse sollte sich zudem darauf fokussieren, inwiefern diese verallgemeinert und auf andere afrikanische Krisenstaaten angewandt werden können.

4.) Kritischer Blick

Im Folgenden sollen kurz mögliche Bedenken, konzeptuelle Mängel und perspektivische Vor- und Nachteile des vorgeschlagenen Forschungskonzepts erörtert werden. Aber auch zur Erwartung stehende Ergebnisse sollen Eingang in den folgenden Textabschnitt finden.

Zunächst soll auf Elemente des Research Proposals eingegangen werden, die nach Ansicht des Autors keinen großen Anlass für grundlegende Kritik geben dürften. In diesem Zusammenhang können einige der Autorenaussagen aufgegriffen werden, welche bereits in der Literaturübersicht erwähnt wurden. Da die Wiederbelebung der Gacaca-Gerichte nach dem Genozid von 1994 eine bewusste staatliche Intention war (bedingt durch das geschwächte formelle Justizsystem in Ruanda), ist ein gewisser staatlicher Einfluss sicherlich absehbar. Die Frage ist nur: in welchem Umfang? Und: mit welchen Auswirkungen? Verschiedene Autoren der Literaturübersicht betonen immer wieder drei zentrale Unterschiede, wie sie bei Allison Corey und Sandra Joireman (2004) auf den Punkt gebracht werden: „ In the traditional process participation was voluntary; it was primarily used to deal with conflicts within a given community; and the judges or elders were given leeway to decide any punishment they wished within certain boundaries" (Corey/Joreiman 2004:82). In diese Tendenz werden sich sicherlich auch die Ergebnisse der vorgeschlagenen Forschungsarbeit einordnen: Verstaatlichung und Übertragung staatlicher Kompetenzen sowie Bürokratisierung. Als Beispiele hierfür können die Wahl der Richter sowie die Schulung dieser durch staatliche Stellen genannt werden. Einige weitere Punkte stützen die Annahme eines (kolonial-)staatlichen Einflusses: die Einführung von schriftlichen Dokumenten bei Gacaca-Verfahren, die Installation kolonialer „Berater" sowie Einsetzung übergeordneter, westlicher Gerichte nennt Molenaar als Elemente der Unterminierung des Einflusses von Gacaca in der ruandischen Gesellschaft als auch deren Legitimität: „The legitimacy and frequency of its usage declined and it struggled to fit in the rigid judicial system that had been installed by the colonial power" (Molenaar 2005:18f).

Diese genannten Punkte könnten als die Stärken des vorgeschlagenen Forschungskonzeptes gesehen werden. Dieser Abschnitt des Research Proposals möchte sich jedoch insbesondere mit den möglichen Schwächen des Konzeptes befassen. Die größten Mängel des vorgeschlagenen Forschungskonzeptes liegen unter diesem Gesichtspunkt sicherlich im methodischen Bereich. An erster Stelle ist hier die Erhebung der unabhängigen Variablen zu kritisieren. Nach dem vorgeschlagenen Forschungskonzept bleibt es dem Autor der Studie selbst überlassen, auf Basis der Forschungsliteratur den (kolonial-)staatlichen Einfluss innerhalb der vorgegebenen Zeitabschnitte einzustufen. Diese Vorgehensweise kann keine Objektivität sicherstellen. Zwar sollte die jeweilige Beurteilung durch Quellenverweise belegt werden, allerdings bleibt die Auswahl der Literatur der Willkür des Autors überlassen. Auch über die Auslegung der Textstelle kann im gegebenen Fall gestritten werden. Und zu guter Letzt ist selbst unter Historikern nicht immer geklärt, ob in Bezug auf eine bestimmte historische Entscheidung ein einwandfreier Ursache-Wirkungs-Zusammenhang hergestellt werden kann, da über alternative Entscheidungen nur spekuliert werden kann. Tritt also eine bestimmte Änderung der Verfahrensweise von Gacaca-Gerichten zutage, so muss erst nachgewiesen werden, dass diese auch tatsächlich durch den Einfluss einer Kolonialmacht verursacht worden ist. Mögliche Drittvariablen könnten hier durchaus eine Rolle spielen.

Der zweite Kritikpunkt ist ein grundsätzlicher: vor dem Einfluss auf die Gacaca-Gerichtsverfahren ist schließlich in Erfahrung zu bringen, wie diese in der vorkolonialen Zeit abliefen! Stellt man hier weitergehende Forschungen an, so stellt sich heraus, dass diese Verfahren inhaltlich wie im Ablauf unterschiedlich aufgebaut waren. Jeder Prozess konnte anders gestaltet und dem Einzelfall angepasst werden: „Unabänderliche oder feste Verfahrensvorschriften gab es nicht. Über den Gang der Prozesse wurde situativ entschieden" (Paul 2006:45). Es dürfte also schwierig werden, in bestimmten Fällen von kolonialstaatlich diktierten Verfahrensänderungen zu sprechen.

Drittens weist vieles in der einschlägigen Forschungsliteratur auf eine Bestätigung des ersten Teils der Forschungshypothese hin. Doch ist ein (kolonial-)staatlicher Einfluss für die Bevölkerung Ruandas und ihren Umgang mit den Gacaca-Gerichten überhaupt relevant? Der Forschungshypothese sollte als zentralem Baustein ein besonders kritischer Blick gewidmet werden. Die Erhebung der Legitimität ist hier der zweite zentrale Punkt der vorgeschlagenen Forschungsarbeit. Diese soll durch die Befragung von Experten erhoben werden. Erstens besteht bei dieser Vorgehensweise wiederholt die Gefahr der subjektiven Werturteile bei der Auswahl der Experten. Zweitens ist deren Aussage – je nach Anzahl, Expertise und Befangenheit – nicht sehr repräsentativ. Und drittens muss der Einfluss von Drittvariablen an dieser Stelle besonders betont werden. Womöglich ist dies der schwerwiegendste Kritikpunkt an dem vorgestellten Forschungskonzept. Beispielhaft stelle man sich folgendes Szenario vor: geflohene Hutu, welche sich am Genozid von 1994 aktiv beteiligt haben, kehren in ihre Heimat zurück, werden als sogenannte „génocidaires" angeklagt und vor ein Gacaca-Gericht gebracht. Dieses ist mit demokratisch gewählten Richtern besetzt, welche aller Wahrscheinlichkeit nach in der Mehrheit aus Tutsi bestehen werden. Es ist leicht vorstellbar, dass die gesprochenen Urteile im beschriebenen Fall als „Siegergerichtsbarkeit" bezeichnet werden. Kritik dieser Art wird in der aktuellen Forschungsliteratur zu den ruandischen Gacaca-Gerichten immer wieder thematisiert. Auf den ersten Blick scheint dies mit der vorliegenden Forschungsfrage zwar nichts zu tun zu haben, geht man jedoch etwas tiefer stellt diese Kritik jedoch eines der schwerwiegendsten Probleme für die Legitimität von Gacaca-Gerichten dar – von anderen, intervenierenden Drittvariablen ganz zu schweigen. Im Allgemeinen kann noch erwähnt werden, dass eine dreistufige Skala möglicherweise zu kurz greift, um die enorme Vielfalt des afrikanischen Kontinents auch in dieser Sache zu erfassen. In diesem Kontext könnte der Anspruch, die Forschungsergebnisse auf andere Staaten übertragen zu können, an der schlichten Skalierung der Messungen scheitern, auch wenn dies dem Umfang der Arbeit geschuldet ist.

Fasst man all diese Punkte nun zusammen, so wiegt die methodische Kritik an dem vorgeschlagenen Forschungskonzept schwer: die Messung der unabhängigen Variable „(kolonial-)staatlicher Einfluss" auf Basis der Forschungsliteratur stellt nicht sicher, dass die Erhebung empirischen und objektiv nachprüfbaren Maßstäben folgt. Zweitens hat sich der Ablauf und Inhalt von Gacaca-Prozessen in der vorkolonialen Zeit ständig geändert. Wie will eine Änderung zu Kolonialzeiten also eindeutig auf kolonialstaatlichen Einfluss zurückgeführt werden? Und zu guter Letzt birgt auch das Instrument der Expertenbefragung zur Erhebung der abhängigen Variablen „Legitimität" erhebliches Fehlerpotenzial durch zahlreiche intervenierende Drittvariablen. Der Kern der Arbeit bleibt dennoch positiv zu bemerken: vieles deutet in der Forschungsliteratur auf einen eindeutig feststellbaren, (kolonial-)staatlichen Einfluss hin. Sollte dieser tatsächlich ohne Folgen für die heutige Form der Gacaca-Gerichte geblieben sein? Zudem sollte der Fairness halber nochmals erwähnt werden, dass die vorgeschlagene Methodik dem ins Auge gefassten Umfang der Forschungsarbeit geschuldet ist.

5.) Konklusion

Zum Schluss soll das Ziel der in diesem Research Proposal vorgeschlagenen Forschungsarbeit, der theoretische Rahmen, die Methodik sowie mögliche Kritik nochmals kurz rekapituliert werden. Der Hauptgedanke der Arbeit sollte nach den Vorstellungen des Autors die Klärung der Auswirkungen (kolonial)staatlichen Einflusses auf die Legitimität der Gacaca-Gerichte sein. Jedoch sollten die Befunde verallgemeinerungsfähig sein und somit dabei helfen, die Anwendbarkeit traditioneller Konfliktlösungsmechanismen auch in anderen afrikanischen Staaten einschätzen zu lernen.

Der Vorschlag für die Forschungshypothese wurde in diesem Sinne folgendermaßen formuliert: wenn zentrale Bestandteile des Verfahrens einer lokalen, bereits in der vorkolonialen Geschichte eines Staates erfassten gerichtlichen Institution mit dem Ziel der Aufarbeitung von Verbrechen auf den Einfluss (kolonial-)staatlicher Herrschaft zurückgeführt werden können, dann verliert diese Institution an Legitimität in der Bevölkerung. Somit soll überprüft werden, ob (kolonial-)staatlicher Einfluss als unabhängige Variable und Legitimitätsverlust als abhängige Variable positiv miteinander korreliert sind. Erkennbar ist zudem, dass es sich bei dem vorgeschlagenen Konzept um eine Einzelfallstudie, möglicherweise mit Modellcharakter für andere Staaten, handelt.

Als Aufbau wurde eine chronologische Einteilung vorgeschlagen. Innerhalb dieser Kategorien sollte der (kolonial-)staatliche Einfluss auf Basis von Befunden aus der Forschungsliteratur eingestuft werden; zur Erhebung der Variable des Legitimitätsverlustes wurde eine Expertenbefragung vorgeschlagen. Die jeweiligen Ergebnisse sollten auf einer dreistufigen Skala hoch – mittel – gering abgetragen werden. Auf die weitergehende Operationalisierung der abhängigen Variable „Legitimität" soll an dieser Stelle nochmals gesondert hingewiesen werden.

Viele Bausteine dieses Forschungskonzeptes mögen Anlass zu sicherlich gerechtfertigter Kritik geben: die Erhebung der unabhängigen Variablen ist zu großen Teilen abhängig von der individuellen Einschätzung des Autors und auch bei der abhängigen Variable birgt die Auswahl der Experten großes Fehlerpotenzial. Objektivität, Repräsentativität und vor allen Dingen unzureichend berücksichtigte Drittvariablen sind wahrscheinlich die (methodischen) Hauptkritikpunkte. Nichtsdestotrotz offenbart der Ansatz der vorgeschlagenen Forschungsarbeit eine Forschungslücke innerhalb der aktuellen Forschungsliteratur zu den Gacaca-Gerichten in Ruanda. Die vorgestellte Forschungsfrage der Arbeit verliert durch diese Kritik somit nicht an Relevanz. Da der Umfang der Forschungsarbeit nicht die Möglichkeiten eines immatrikulierten Bachelorstudenten übersteigen sollten, sind die Möglichkeiten im Rahmen der Studie zudem sehr beschränkt. Alles in allem ist das vorgestellte Konzept zweifelsohne in der Lage, einen beachtenswerten Beitrag zu der Debatte um „Gacaca 2.0" zu liefern. Dass diese Debatte weiter geführt und gefüttert werden muss und nicht einschlafen darf, zeigt sich an dem folgenden Zitat, mit welchem der Autor das Research Design schließen möchte:

"The past is not dead. It´s not even past." – William Faulkner, Literaturnobelpreisträger

3.759 Wörter.

6.) Literaturverzeichnis

- Corey, Allison; Joireman, Sandra F. (2004): Retributive Justice: The Gacaca Courts in Rwanda. In: African Affairs 103 (410), 73-89.
- Geschiere, Peter (1993): Chiefs and colonial rule in Cameroon: Inventing Chieftaincy, French and British Style. In: Journal of the International African Institute 63 (2), 151-175.
- Hobsbawm, Eric; Ranger, Terence (1983): The Invention of Tradition. Cambridge University Press.
- Ingelaere, Bert (2008): The Gacaca Courts in Rwanda. In: Huyse, Luc; Salter, Mark (Edit.): Traditional Justice and Reconciliation After Violent Conflict – Learning from African Experiences. Stockholm: Trydells Tryckeri AB, 25-61.
- Kirkby, Coel (2006): Rwanda's Gacaca Courts: a preliminary critique. In: Journal of African Law 50 (2), 94-117.
- Mironko, Charles; Uvin, Peter (2003): Western and Local Approaches to Justice in Rwanda. In: Global Governance 9 (2), 219-231.
- Molenaar, Arthur (2005): Gacaca: grassroots justice after genocide: the key to reconciliation in Rwanda? Amsterdam: LAP Lambert Academic Publishing.
- Paul, Axel T. (2006): Das Unmögliche richten – Schuld, Strafe und Moral in Ruanda. In: Leviathan 34 (1), 30-60.
- Sarkin, Jeremy (2001): The tension between justice and reconciliation in Rwanda: politics, human rights, due process and the role of the Gacaca Courts in dealing with the genocide. In: Journal of African Law 45 (2), 143-172.

Sources:

- Dialo, Claire (2011): Que les blancs reviennent à l'Afrique, from: http://www.slateafrique.com/99013/blancs-reviennent-en-afrique-jean-pierre-bekolo-cinema-cameroun Last Access: 05/09/13 at 6:15 pm.